www.tredition.de

AF198060

Johannes Vorlaufer studierte Philosophie in Wien und München.
Publikationen u. a.: *Das Sein-lassen als Grundvollzug des Daseins. Eine Annäherung an Heideggers Begriff der Gelassenheit*, Wien 1994. *Von Gründen und Abgründen. Gedichte & Gedanken*, Hamburg 2008. *zwischenleben und über leben. Gedichte*, Hamburg 2009. *Personales Selbstsein. Phänomenologische Versuche zum Wesen menschlichen Daseins*, Hamburg 2010.

„… Wer Ohren hat zu hören…"

Johannes Vorlaufer

Vom Hören

Eine Meditation in XXXVI Sprüchen
nebst weiteren Gebrauchstexten

www.tredition.de

Verlag: tredition GmbH, Hamburg
ISBN: 978-3-86850-883-3
Printed in Germany

Inhalt

Vorbemerkung

Das Bändchen vereint zwei kurze Texte, die in unterschiedlichem Kontext entstanden sind und dennoch in einer inneren Zusammengehörigkeit stehen. Beide können in einem spezifischen Sinn als Alltagsmeditationen gelesen und verstanden werden: unser Alltag ist ihnen nicht Ausgangspunkt oder Absprungbasis des Denkens, sondern Ort unseres Wohnens, unseres Wesens. Die unternommenen Meditationen möchten unseren Alltag daher nicht verlassen, sondern ihn sich aneignen, sich in seine ihm eigentümliche Tiefe zurückrufen lassen.

Vom Hören.
Eine Meditation in XXXVI Sprüchen

Einleitung

Zwar sind wir Menschen zuinnerst von der Möglichkeit bestimmt, zu hören. Als Hörende sind wir in der Welt präsent und als Hörende sind wir offen für Andere. Und doch: hören wir einander noch in unseren beschleunigten Begegnungen, in unseren informationsüberfluteten Lebenswelten, im Lärm getriebener Geschäftigkeit, oder ist Hören inzwischen zu einer selten-seltsamen Erfahrung geworden, der nachzudenken selbst seltsam anachronistisch ist?

Eine Meditation wie sie hier unternommen wird, steht unter dem Anspruch des zu-Hörenden. Ihre XXXVI Sprüche, allesamt Fragmente, wollen keine Belehrung über das Hören sein, sondern verstehen sich als Versuch, vom Hören, dieses bedenkend, schreibend zu sprechen. Vielleicht auch, Hören wieder neu zu lernen. Kein Lehrbuch sei den LeserInnen deshalb zugemutet, sondern ein Übungsbuch, das in seinen Hörübungen Erfahrungen des Hörens zur Sprache zu bringen sucht und auf diesem suchenden Weg der Leere unseres Daseins gewahr wird. Üben heißt: die Leere zulassen, um in und aus der Offenheit unseres Existierens hörend gegenwärtig zu sein.

Beim Begriffenen des unter dem Begriff des Hörens Bezeichneten handelt es sich daher nicht um eine empirisch zu überprüfende Wirklichkeit, sondern um eine dem Menschen überantwortete Möglichkeit. Sie gründet in der alltäglich selten bedachten Erfahrung, dass unser Ohr hört, weil wir uns dem Anderen verdanken.

XXXVI Übungen

I.

Das Wort:
angewiesen
auf den Raum,
auf die Gegenwart
des Anderen:
angewiesen
darauf,
lautlos
gehört zu werden,
in seinem Anspruch
gegenwärtig
zu sein:
das Brauchen des Hörens.

II.

Einander hören:
abgründiges Ereignis,
dem Andern
zu begegnen
aus der Tiefe.

Selten zwar
doch gründet
unser Begegnen darin.

Aus der Ferne
seines Grundes
spricht
die Nähe
der Gegenwart.

III.

Unser Ohr

hält

unser Dasein

offen

für

einander.

IV.

Schweigen kannst Du nur,

wenn Du etwas zu sagen hast.

Sagen kannst Du nur,

wenn Du schweigen kannst.

Im hörenden Schweigen

sprichst Du.

Ferdinand Ebner schreibt in seinen Tagebüchern:

„Der Mensch lernt vom Leben das Schweigen, und umso besser lernt er es, je mehr ihm das Leben zu sagen hat."[*]

---

[*] Hildegard Jone (Hrsg.), Das Wort ist der Weg. Aus den Tagebüchern von Ferdinand Ebner, Wien 1949, Seite 93.

V.

Hörbar
ist Stille
als ob
sie nicht wäre.

Als ob
sie nichts wäre.

Obwohl
sie doch
dem Wort
den Raum
seines Sagens
einräumt.

VI.

In dem Maß als wir

lernen

auf das zu hören,

dem wir zugehören,

können wir

lernen,

den Gehorsam zu

verlernen.

VII.

Das Un-Gesagte hören:
das Gesagte ruht im Nicht.

Ist darin geborgen.

Entbirgt sich in seinem Unsagbaren
als das Gesagte des Gesprochenen.

Unverlautetes im Verlauteten.

VIII.

Im Gedröhne
verlernen
wir das Hören.

Lassen uns
verschließen
vom Lautschwall.

Werden
verschlossen
dem Anderen.

IX.

Dem Hörenden wandelt sich sein Ohr
vom Apparat zum offenen Raum.

Dem Anwesenden entbirgt sich der Abwesende
in seinem verborgenen Anwesen.

Der Andere lässt Offenheit geschehen
im Zulassen des Anwesenden.

X.

Im Wort des Anderen
ihn selbst hören:

Blicken in den Abgrund,
der uns gründet.

Der Anfang der Veränderung.

Die Möglichkeit unseres Daseins.

Die Hoffnung, die uns trägt.

XI.

Das Hören des Anderen.

Das Seltene.
Das Heilsame.

Das Seltsame einer heilsamen Begegnung.

XII.

Früher:
bevor wir noch waren
ein Ich,
waren wir Ohr.

Sehnsüchtig
lauschend
dem Namen
in dem
wir uns
einander
geschenkt.

XIII.

Infos:

Wort-Gestelle.

Zerstörung des Wortes.

Verstümmelung der Sprache.

Verkürzung unseres Hörens auf einander.

Vernutzung unseres Hörens.

Abnutzung unseres Gehörs.

XIV.

Nichts
hören.

Lautlos
stillt uns
die Stille.

XV.

Hören:

Der Weg
aus der
Achtsamkeit.

Der Weg
in die
Achtsamkeit.

XVI.

Schweigen:

das Nichts,
das dem Wort sein Gehört-werden einräumt.

Verschwiegenheit:

die Fülle,
in der das Wort sich zeitigt.

XVII.

Erst
wo wir nicht mehr hören,

dass
wir hören,

hören
wir.

XVIII.

Der Hörende und das Gehörte
sind eins
und doch
zwei.

Zwei
und doch
eins.

Gehörend
dem Dritten.

XIX.

Das Wort, das Du mir schenkst
und in dem Du Dich mir schenkst
ist Dir gegeben.

Gewährt:
und
doch nicht Deines:

Du gibst, was Dir nicht gehört.

Du gibst es nicht-gebend.

Hörend ver-nehme ich es nicht-nehmend.

Offener Raum
im Zwischen
gebenden Nehmens.

XX.

Hören:

Das Tun
des Nicht-Tuns.

Sich
einlassen in ein
Tun.

XXI.

Sehnsüchtig
hören wir
in die Ferne.

Damit
das Nahe
sich nähert.

XXII.

Gerade Du
bist es, der da ist.

Gerade Du
hörst
was nicht gesagt
und doch gesagt
ist.

Wunder.
Herrlichkeit des Seins
durch Dich.

XXIII.

Der Hörende sollte
dankbar
sein.

Der Sprechende sollte
dankbar
sein.

XXIV.

Hören der Stille.

Stillt sie unser Hören?

In der Stille spricht sich uns Weite zu:
die Tiefe des Da
aus der unser Sein quillt.

Stille:
Quelle
die nicht versiegt.

Uns in die Sammlung ruft.

Ohne Gewalt
die Zerstreutheit zerstreut.

XXV.

Was wir tun wenn wir hören:

nichts, nur:

hören.

Dieses Nicht-Tun ist das einfachste Tun

und doch

das Schwierigste

und

ein Seltenes.

Das Tun

des Hörens

tut etwas mit uns.

Wenn wir es zulassen

indem wir uns aus dem

Getriebe und Geschiebe

des geschäftigen Treibens loslassen:

Es

lässt uns ganz Ohr werden.

Offen.

Begegnend.

Erfahrend.

Verstehend.

Sagend:

Es

erfüllt unsere Worte

mit dem zu-Sagenden.

XXVI.

Wenn wir das Nicht-Hören
nicht mehr hören
hören wir nichthörend.

Wenn wir den Atem
loslassen
atmen wir.

Atmen wir Worte.

Den Hauch unsrer Seele?

XXVII.

Von der Not der Geschwindigkeit

beschleunigte Worte:

gepresst

treffen sie unser Ohr,

hämmern

in unsere Welt.

Worte können beschleunigt werden.

Schnell gesagt werden.

Hingeworfen.

Das Hören kann sich nicht beschleunigen.

Es kann nur hören oder überhören.

Seine Geschwindigkeit ist anderer Art

als die des Tuns.

Sein Vernehmen ist anderer Art

als die des Nehmens.

Stillstand der Hektik.

XXVIII.

Worte schicken sich auf
den Weg.

Ihr Geschick
wird zu unserem
Schicksal.

Worte schicken
uns auf
den Weg.

XXIX.

Die Fülle ist es,
aus der wir sprechen.

Was sich uns gibt,
will in Sprache gegenwärtig
sein.

XXX.

Ganz Ohr:
Denken und Fühlen
des Anderen.

XXXI.

Wie schwer
ist es, Schallwellen zu hören.

Wie viel
Abstraktion braucht es, Infos statt Worte zu hören.

Wie viel
Übung ist nötig, einander nicht mehr zu hören.

Wie sehr
brauchen wir
das Wort,
in dem wir einander
gegeben sind.

XXXII

Der Anblick des Anderen
ist als Anspruch seines Wesens
das, was
uns bewegt:

weg von uns
zu ihm

weg von ihm
zu uns –
unterwegs:

weglose Bewegungen unseres Daseins.

XXXIII

Aus Adolf Hitler, Mein Kampf:

„Jede Propaganda hat volkstümlich zu sein und ihr geistiges Niveau einzustellen nach der Aufnahmefähigkeit des Beschränktesten unter denen, an die sie sich zu richten gedenkt." [*]

Im Gedröhne der Propaganda

werden wir getrieben in die Selbstlosigkeit,

verlernen wir das Hören

und beginnen wir

plärrend zu verstummen.

Propaganda:

die Gewalt des Willens durchdröhnt unseren Leib.

Worte speien.

---

[*] Adolf Hitler, Mein Kampf. 612. Auflage, München 1941, Seite 197.

XXXIV

Wo wir als Du angesprochen sind,

werden wir uns im Wort des Anderen

uns selbst als Selbst geschenkt.

Bei Martin Buber heißt es über uns Menschen:

*„… von einem mitgeborenen Chaos umwittert, schaut er heimlich und scheu nach einem Ja des Seindürfens aus, das ihm nur von menschlicher Person zu menschlicher Person werden kann; einander reichen die Menschen das Himmelsbrot des Selbstseins."**

Dieses Ja erhofft unser Hören zu hören.

Dieses Wort eröffnet uns Weite.

Dieses Tun verdankt sich:

Fügend-fügsames Wortgefüge.

---

* Martin Buber, Urdistanz und Beziehung. Beiträge zu einer philosophischen Anthropologie, Heidelberg 1978, Seite 37.

XXXV

Im offenen Raum des Hörens

wandeln sich Worte:

werden zu einem Teil von Dir.

Lassen sie unsere

Vorstellung

von unseren Worten

und von uns

los.

Lassen sie Dich selbst ankommen.

Lassen sie Deine Vergangenheit entstehen.

Lassen sie deiner Vergangenheit eine Zukunft

entstehen

in einen Zeit-Raum

der kein Raum ist

und

der keine Zeit hat.

Der in seiner offenen Weite

abgründig gründet.

XXXVI

Die Worte
gehören uns nicht.

Gleichwohl wir sie
vernehmen.

Im Hören geben wir sie zurück:
lassen sie ankommen.

Nur wenn sie gehört werden
kommen Worte zu sich:
im Anderen.

alles was ist.
weitere gebrauchstexte

hilflos

du gibst dich in die hände
der andern

die anderen hände
geben sich dir

reichen dich dir:
die gabe
selber zu sein
sich gegeben
zu sein.

die hände der andern
die gabe der hände
die andere gabe.

knapp vorbei

beinahe wäre gelandet
der gedanke
im denken

kein widerspruch mehr
kein denken
das stört.

manchmal

zerbricht die liebe
der liebe.

zerbrochene spiegel
unseres selbst.

zerbrochenes selbst
der liebe
im spiegel

zerbrochen
manchmal
gespiegelt
im spiegel
der liebe.

es wäre schön

wenn es wäre
wie es wäre
wenn es wäre
wie es verheißen

allem was ist.

im grunde

im grunde
unseres selbst
gehören wir
dem grund
unserer selbst
hörend
seine stimme
aus der tiefe
unseres selbst.

gedanken

wie der blitz
das dunkel
der nacht
erhellt

so lassen gedanken
sehen was ist

und der donner grollt
dem gedanken
der
erhellt
die nacht.

das wort

gering
ist das wort

ringt
mit allem
was ist

gelingt im geringen.

hausen

wir hausen
in häusern
unbehaust.

hausen
behaglichst

fern von
uns selbst

anderswo.

sonnenfinsternis

zeit
die sonne zu sehen

das dunkle
gibt frei
die helligkeit
der strahlen.

lässt das licht
erscheinen.

dämmerung

zwischen
den zeiten:
da dämmert es
uns
in der dämmerung

zwischenzeitlich
öffnet sich
unser selbst
in sein da

der weite
seiner selbst.

das selbst

das selbst
unseres selbst
schöpft aus unvordenklicher tiefe
sich selbst

und
erschöpft
sich
nicht

erschöpft
seine tiefe
nicht

schöpft
im nicht.

wie sonst wär es möglich

dich hat der himmel
geschickt
wie sonst wär
es möglich

dass deine
worte erhellen
alles was ist

dass
alles was ist
sich nun zeigt
erstrahlt

wie am ersten tag.

schönheit

wie ein strahl aus der ferne
glänzt sie in die nähe
lässt nahe kommen
was uns berührt

zerbrechliche schönheit
berührt
uns zerbrechliche wesen
in unserem wesen.

die gier

die gier
erfasst
nicht, was sie will

doch den
der sie hat
hält sie fest:
bezwungen
im unstillbaren durst
der keine stille
erträgt
der weg ist
bevor
er
noch
da ist.

ich kanns dir nicht sagen

ich kanns

dir nicht

sagen

was es ist

warum du bist

ob es sein wird

wie es wohl wäre

wieso nicht

in der überfülle

was ist

warum gerade du

es bist.

hätte

die sterne ziehen
selbst verloren
mit ihnen verliert
sich dein planet.

er hätte dir heimat
sein können

grund grundlos gegründet
für die spiegel
deiner selbsterkenntnis

ort deiner gegenwart

daseinsraum
für einander.

hätte
hätte.

wo es selbst dem licht zu dunkel ist

wo das dunkle

sich selbst

nicht erkennt

wo selbst

der abgrund sich in seiner grundlosigkeit

verliert

wo selbst

das wort sich in seiner sprache

vergisst

dort erstrahlt ein milder schatten eines schattens

dort wohnt

dein selbst

und

weiss es nicht.

die liebe der liebe

die kraft
zu lieben

ist
nicht unsere kraft

ist
uns geschenkt

aus der liebe selbst

die liebe der liebe
nur
lässt uns lieben.

unglück

im schrei eines kindes
bricht das unglück
der welt
durch die welt
in die welt

schreit
eine welt
hilflos
gegen
die welt
in seiner gegenwelt

hoffend auf
offene arme

vergeblich.

als wär er nichts.

der schrecken
sitzt
tief.

schreckt
aus der tiefe
in die tiefe

lacht
aus dem nichts
als wär
er
nichts.

ist es so?

es ist so.

so ist es.

es ist.

ist es?

so?

geplapper

und doch

nicht.

dass gerade du

dass gerade du
mir fehlst

dass gerade deine
gegenwart verging

dass gerade du
verstummst

fehl der
mich erfüllt

fülle die
mir fehlt.

www.tredition.de

Über tredition

Der tredition Verlag wurde 2006 in Hamburg gegründet. Seitdem hat tredition Hunderte von Büchern veröffentlicht. Autoren können in wenigen leichten Schritten print-Books, e-Books und audio-Books publizieren. Der Verlag hat das Ziel, die beste und fairste Veröffentlichungsmöglichkeit für Autoren zu bieten.

tredition wurde mit der Erkenntnis gegründet, dass nur etwa jedes 200. bei Verlagen eingereichte Manuskript veröffentlicht wird. Dabei hat jedes Buch seinen Markt, also seine Leser. tredition sorgt dafür, dass für jedes Buch die Leserschaft auch erreicht wird

Autoren können das einzigartige Literatur-Netzwerk von tredition nutzen. Hier bieten zahlreiche Literatur-Partner (das sind Lektoren, Übersetzer, Hörbuchsprecher und Illustratoren) ihre Dienstleistung an, um Manuskripte zu verbessern oder die Vielfalt zu erhöhen. Autoren vereinbaren unabhängig von tredition mit Literatur-Partnern die Konditionen ihrer Zusammenarbeit und können gemeinsam am Erfolg des Buches partizipieren.

Das gesamte Verlagsprogramm von tredition ist bei allen stationären Buchhandlungen und Online-Buchhändlern wie z. B. Amazon erhältlich. e-Books stehen bei den führenden Online-Portalen (z. B. iBook-Store von Apple) zum Verkauf.

Seit 2009 bietet tredition sein Verlagskonzept auch als sogenanntes "White-Label" an. Das bedeutet, dass andere Personen oder Institutionen risikofrei und unkompliziert selbst zum Herausgeber von Büchern und Buchreihen unter eigener Marke werden können.

Mittlerweile zählen zahlreiche renommierte Unternehmen, Zeitschriften-, Zeitungs- und Buchverlage, Universitäten, Forschungseinrichtungen, Unternehmensberatungen zu den Kunden von tredition. Unter www.tredition-corporate.de bietet tredition vielfältige weitere Verlagsleistungen speziell für Geschäftskunden an.

tredition wurde mit mehreren Innovationspreisen ausgezeichnet, u. a. Webfuture Award und Innovationspreis der Buch-Digitale.

tredition ist Mitglied im Börsenverein des Deutschen Buchhandels.

Zeitfracht Medien GmbH
Ferdinand-Jühlke-Straße 7
99095 Erfurt, Deutschland
produktsicherheit@kolibri360.de